école - sakola	2
voyage - lalampahan	5
transport - transportasi	8
ville - kota	10
paysage - pamandangan	14
restaurant - restoran	17
supermarché - supermarkét	20
boissons - inuman	22
aliments - dahareun	23
ferme - pertanian	27
maison - imah	31
salle de séjour - rohang tamu	33
cuisine - dapur	35
salle de bains - kamar ibak	38
chambre d'enfant - kamar budak	42
vêtements - acuk	44
bureau - kantor	49
économie - ékonomi	51
professions - pagawéan	53
outils - alat	56
instruments de musique - alat musik	57
zoo - kebon binatang	59
sports - olahraga	62
activités - aktivitas	63
famille - kulawarga	67
corps - awak	68
hôpital - rumah sakit	72
urgence - darurat	76
Terre - Bumi	77
heure - jam	79
semaine - minggu	80
année - taun	81
formes - bentuk	83
couleurs - warna-warna	84
opposés - sabalikna	85
nombres - angka-angka	88
langues - basa-basa	90
qui / quoi / comment - saha / naon / kumaha	91
où - di mana	92

Impressum
Verlag: BABADADA GmbH, Nedderfeld 112 , 22529 Hamburg
Geschäftsführer / Verlagsleitung: Harald Hof
Druck: Books on Demand GmbH, In de Tarpen 42, 22848 Norderstedt

Imprint
Publisher: BABADADA GmbH, Nedderfeld 112 , 22529 Hamburg, Germany
Managing Director / Publishing direction: Harald Hof
Print: Books on Demand GmbH, In de Tarpen 42, 22848 Norderstedt

école
sakola

- diviser / bagi
- tableau / papan
- salle de classe / rohang kelas
- cour d'école / pakarangan sakola
- enseignant / guru
- papier / kertas
- écrire / nyerat / nulis
- stylo / kalam
- bureau de travail / méja gawé
- règle / jidar
- livre / buku
- écolier / murit

sac d'écolier
tas sakola

trousse
wadah potlot

crayon
potlot

taille-crayon
rautan potlot

gomme à effacer
pamupus

bloc de papier à dessin
kertas gambar

école - sakola

dessin
gambar

pinceau
kuas cét

boîte de peintures
kotak cét

ciseaux
gunting

colle
lém

cahier d'exercices
buku latihan

devoirs
péér

chiffre
angka

additionner
nambahkeun

soustraire
kurang

multiplier
kali

calculer
ngitung

lettre
surat

alphabet
alpabét

mot
kecap

école - sakola

texte
téks

lire
maca

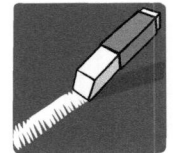
craie
kapur

leçon
palajaran

le cahier de notes
daptar

examen
ujian

certificat
sértipikat

uniforme scolaire
saragam sakola

éducation
atikan

encyclopédie
énsiklopédi

université
univérsitas

microscope
mikroskop

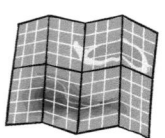
carte
peta

corbeille à papier
wadah runtah

école - sakola

voyage
lalampahan

hôtel
hotél

auberge
hostél

bureau de change
kantor pertukaran mata uang

valise
koper

voiture
mobil

langue
basa

oui / non
muhun / henteu

Okay
oké

Allo!
hei

traducteur
panarjamah

Merci
hatur nuhun

Combien coûte...?
sabaraha hargana...?

Je ne comprends pas
abdi teu ngartos

problème
masalah

Bonsoir !
Wilujeng wengi!

Bonjour !
Wilujeng siang!

Bonne nuit !
Wilujeng wengi!

bye bye
mugi patepang deui

direction
arah

bagages
bagasi

sac
kantong

sac à dos
ransel

invité
tamu

pièce
rohang

sac de couchage
kantong saré

tente
tenda

voyage - lalampahan

bureau d'information touristique
informasi wisata

plage
pantai

carte de crédit
kartu krédit

déjeuner
sarapan

dîner
dahar beurang

souper
dahar peuting

billet
tikét

ascenceur
lift

timbre
perangko

frontière
wates

douane
cukai

ambassade
kedutaan

visa
visa

passeport
paspor

voyage - lalampahan

transport
transportasi

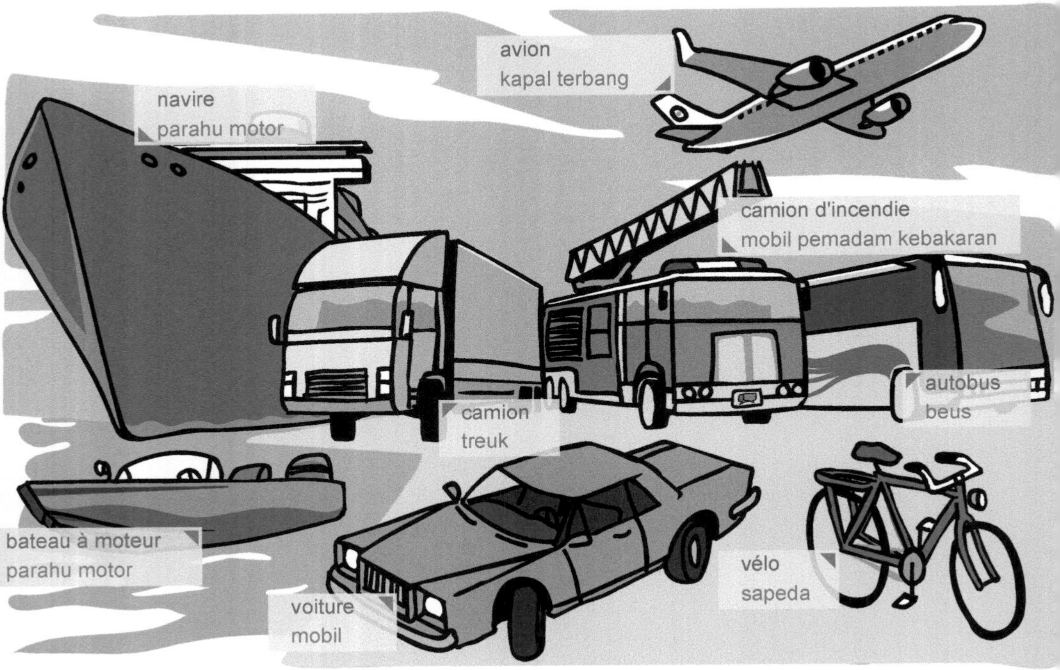

traversier
kapal féri

bateau
parahu

motocyclette
sapeda motor

voiture de police
mobil pulisi

voiture de course
mobil balap

voiture de location
mobil nyéwa

autopartage
mobil babarengan

dépanneuse
treuk dérék

camion à ordures
treuk runtah

moteur
motor

carburant
bahan bakar

station-service
bénsin

panneau de signalisation
tanda lalulintas

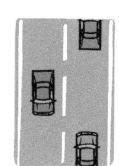

circulation
lalulintas

embouteillage
macét

parc de stationnement
parkir mobil

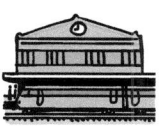

gare
stasiun karéta

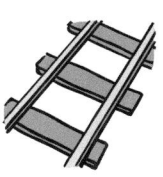

voies ferrées
trék

train
karéta api

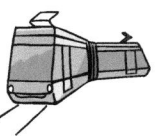

tramway
tram

wagon
garobag

transport - transportasi

hélicoptère
hélikopter

aéroport
bandara

tour
munara

passager
panumpang

conteneur
konténer

boîte en carton
karton

chariot
troli

panier
karanjang

décoller / atterrir
terbang / landas

ville
kota

village
kampung

centre-ville
tengah kota

maison
imah

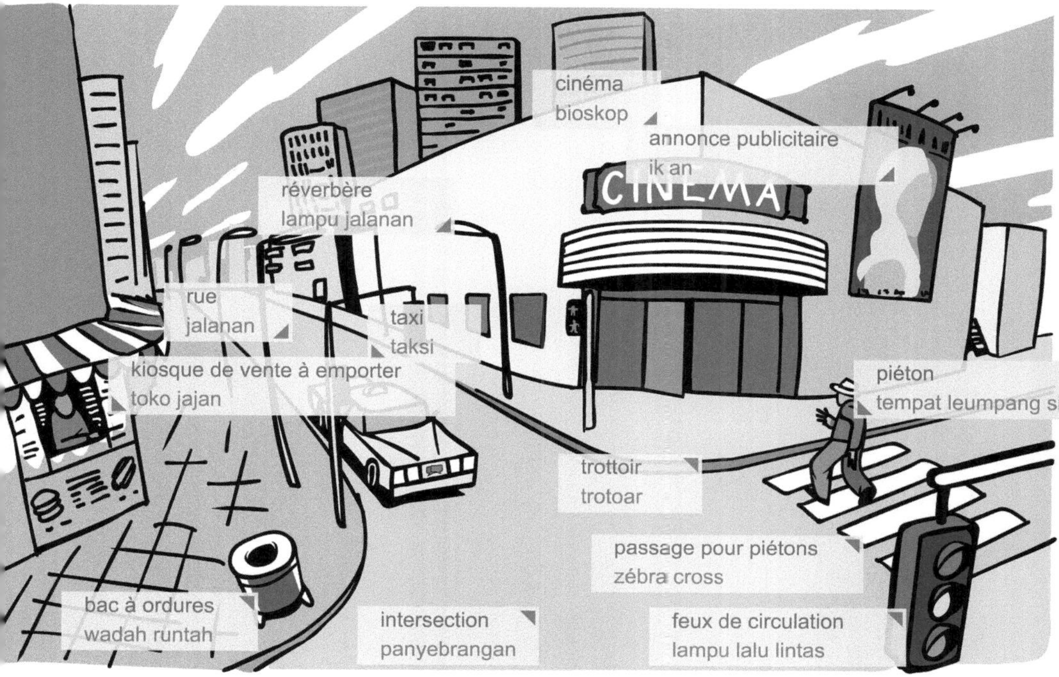

cinéma / bioskop
annonce publicitaire / ik an
réverbère / lampu jalanan
rue / jalanan
taxi / taksi
kiosque de vente à emporter / toko jajan
piéton / tempat leumpang si
trottoir / trotoar
passage pour piétons / zébra cross
bac à ordures / wadah runtah
intersection / panyebrangan
feux de circulation / lampu lalu lintas

cabane
gubuk

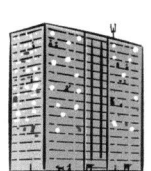

appartement
imah flat

gare
stasiun karéta

hôtel de ville
balai kota

musée
museum

école
sakola

ville - kota

université
univérsitas

banque
bank

hôpital
rumah sakit

hôtel
hotél

pharmacie
farmasi

bureau
kantor

librairie
toko buku

magasin
toko

fleuriste
toko kembang

supermarché
supermarkét

marché
pasar

grand magasin
swalayan

poissonnerie
nalayan

centre commercial
pusat balanja

port
palabuan

ville - kota

parc
kebon

banc
korsi

pont
sasak

escaliers
tangga

métro
kareta bawah tanah

tunnel
torowongan

arrêt d'autobus
halte beus

bar
bar

restaurant
restoran

boîte à lettres
kotak surat

plaque de rue
tanda jalan

parcomètre
meteran parkir

zoo
kebon binatang

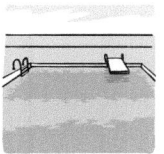

bains publics
kolam renang

mosquée
masigit

ville - kota

ferme
pertanian

pollution
polusi

cimetière
kuburan

église
gareja

aire de jeux
tempat ulin

temple
pura

paysage
pamandangan

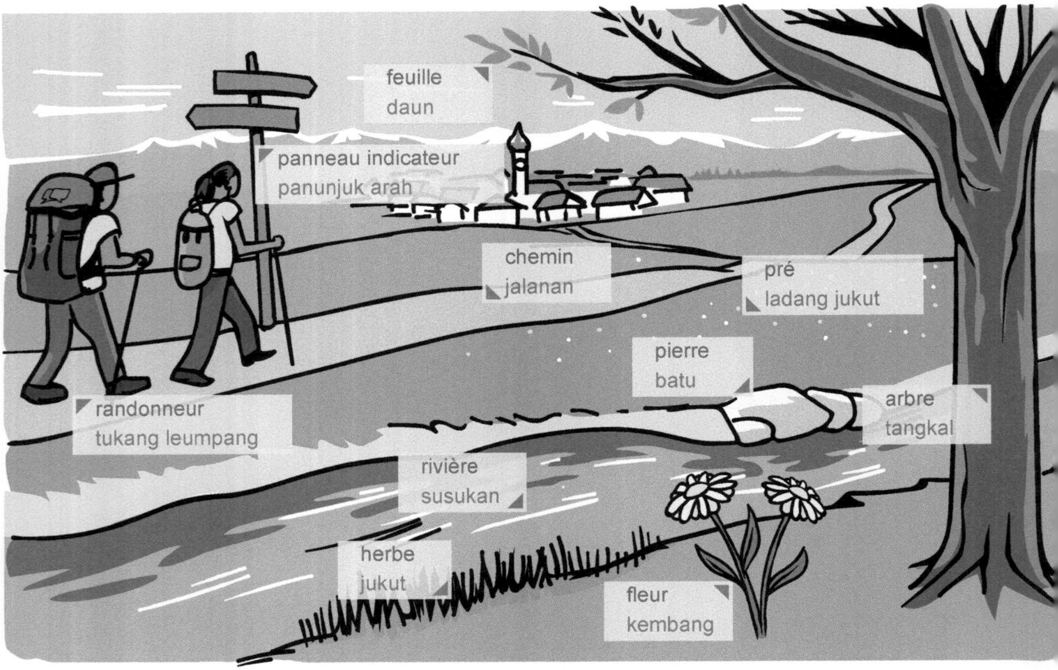

feuille / daun

panneau indicateur / panunjuk arah

chemin / jalanan

pré / ladang jukut

pierre / batu

arbre / tangkal

randonneur / tukang leumpang

rivière / susukan

herbe / jukut

fleur / kembang

 vallée lengkob	 colline bukit	 lac tasik
 forêt leuweung	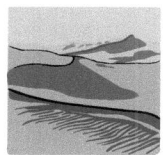 désert gurun	 volcan gunung marapi
 château karaton	 arc-en-ciel katumbiri	 champignon suung
 palmier tangkal palem	 moustique reungit	 mouche laleur
 fourmi sireum	 abeille nyiruan	 araignée lamat lancah

paysage - pamandangan

scarabée
nyiruan

grenouille
bangkong

écureuil
bajing

hérisson
landak

lièvre
kalinci

chouette
bueuk

oiseau
manuk

cygne
soang

sanglier
bagong

cerf
kijang

orignal
kijang

barrage
bendungan

éolienne
turbin angin

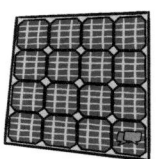

panneau solaire
panél surya

climat
iklim

paysage - pamandangan

restaurant
restoran

- serveur / badega
- menu / menu
- chaise / korsi
- soupe / sop
- pizza / pitsa
- coutellerie / parkakas dahar
- nappe / taplak

hors-d'œuvre
hidangan pembuka

plat principal
hidapan utama

dessert
hidangan penutup

boissons
inuman

aliments
dahareun

bouteille
botol

restauration rapide

dahareun cepat saji

cuisine de rue

jajanan sisi jalan

théière

téko téh

sucrier

wadah gula

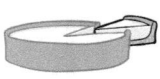

part

porsi

machine à expresso

mesin éspréso

chaise haute d'enfant

korsi jangkung

facture

tagihan

plateau

baki

couteau

péso

fourchette

garpu

cuillère

séndok

cuillère à thé

séndok téh

serviette

serbét

verre

gelas

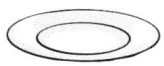
assiette
piring

assiette creuse
mangkok sop

soucoupe
pisin

sauce
saos

salière
wadah uyah

moulin à poivre
panggiling pedes

vinaigre
cuka

huile
minyak

épices
bumbu

ketchup
saos tomat

moutarde
mustard

mayonnaise
mayonés

restaurant - restoran

supermarché
supermarkét

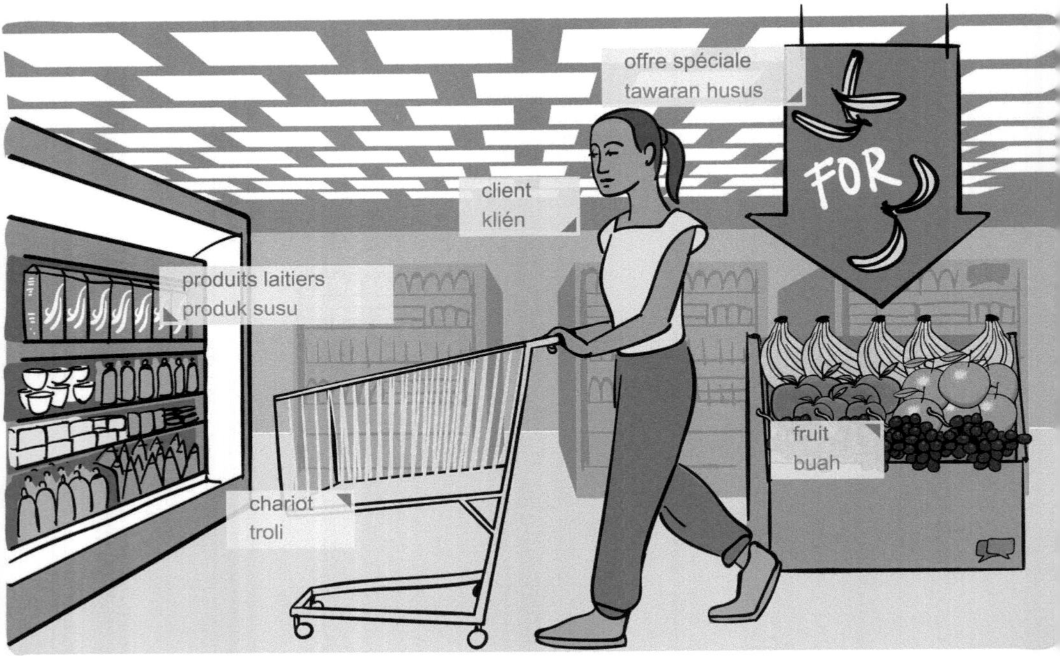

offre spéciale
tawaran husus
FOR
client
klién
produits laitiers
produk susu
fruit
buah
chariot
troli

BUTCHERS

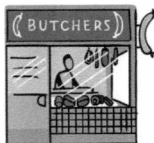

boucherie

tukang meuncit

BAKERY

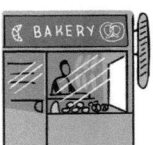

boulangerie

toko roti

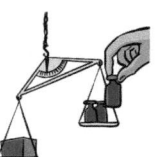

peser

nimbang

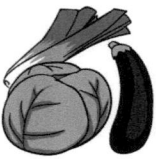

légumes

sayur

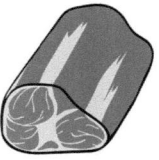

viande

daging

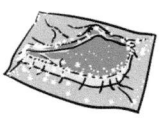

aliments congelés

tuangeun beku

viandes froides
alat potong daging

conserves
dahareun kaléng

détergent à lessive en poudre
sabun serbuk

sucreries
permén

produits d'entretien ménager
perkakas rumah tangga

produits d'entretien
produk pembersih

vendeuse
tukang jualan

caisse
kasa

caissier
kasir

liste de provisions
daftar balanja

heures d'ouverture
jam buka

portefeuille
dompét

carte de crédit
kartu krédit

sac
kantong

sac plastique
kantong palastik

supermarché - supermarkét

boissons
inuman

eau
cai

jus
jus

lait
susu

cola
kola

vin
anggur

bière
arak

alcool
arak

cacao
coklat

thé
téh

café
kopi

expresso
éspréso

cappuccino
kapucino

aliments
dahareun

banane
pisang

pomme
apel

orange
jeruk

melon d'eau
samangka

citron
lémon

carotte
wortel

ail
bawang bodas

bambou
awi

oignon
bawang bombai

champignon
suung

noix
suuk

nouilles
emih

spaghettis — spagéti

riz — sangu

salade — salat

frites — kentang goréng

pommes de terre sautées — kentang goréng

pizza — pitsa

hamburger — hamburger

sandwich — roti lapis

escalope — sakeureut daging

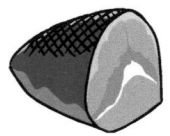

jambon — ham

salami — salami

saucisse — sosis

poulet — hayam

rôti — ngagoreng

poisson — lauk

aliments - dahareun

gruau d'avoine

bubur gandum

muesli

séréal

flocons de maïs

cornflakes

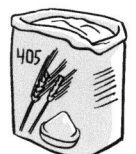

farine

tarigu

croissant

croissant

petit pain

roti

pain

roti

rôtie

roti panggang

biscuits

biskuit

beurre

mantéga

caillé

dadih

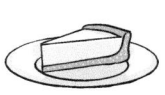

gâteau

kuéh

œuf

endog

œuf miroir

goréng endog

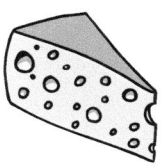

fromage

keju

aliments - dahareun

crème glacée	sucre	miel
eskrim	gula	madu

confiture	crème de nougat	cari
selé	krim coklat	karé

ferme
pertanian

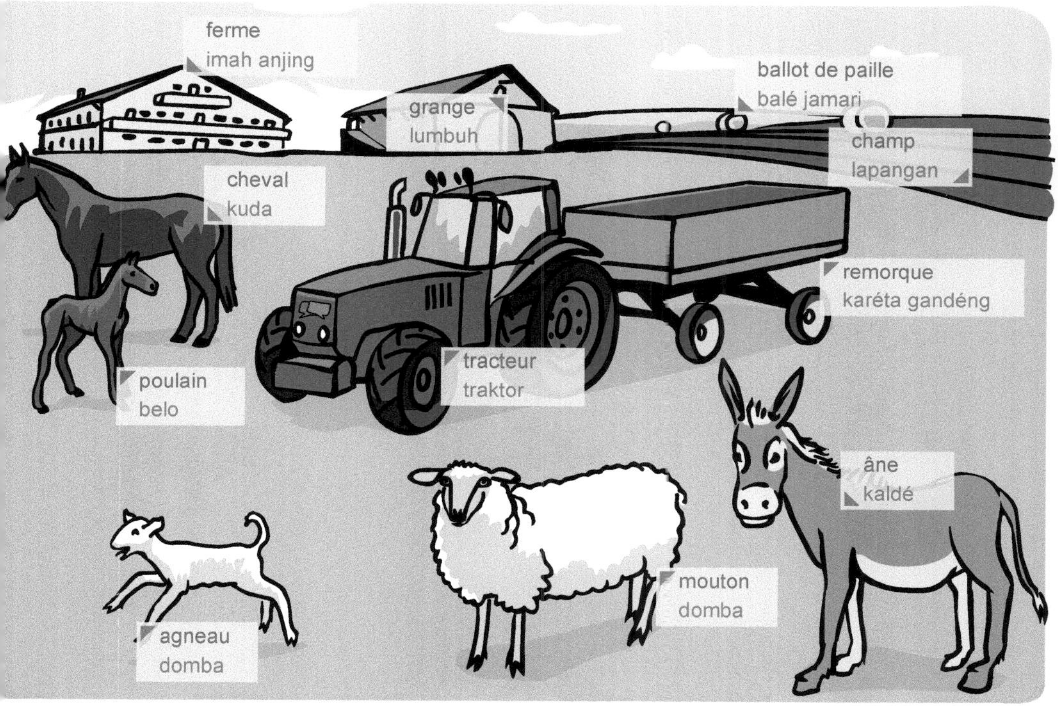

ferme / imah anjing
grange / lumbuh
ballot de paille / balé jamari
champ / lapangan
cheval / kuda
remorque / karéta gandéng
poulain / belo
tracteur / traktor
âne / kaldé
mouton / domba
agneau / domba

chèvre
embé

vache
sapi

veau
bitis

porc
bagong

porcelet
babi

taureau
banténg

oie
soang

canard
éntog

poussin
pitik

poule
hayam

coq
hayam jago

rat
beurit

chat
ucing

souris
beurit

bœuf
sapi

chien
anjing

niche
imah anjing

tuyau d'arrosage
selang

arrosoir
kaléng nyiram

FALSE
arit panjang

charrue
ngabajak

ferme - pertanian

faucille
arit

binette
pacul

fourche à foin
garpuh jukut

hache
kapak

brouette
gorobah

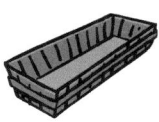

auge
palung

pot à lait
kaléng susu

grand sac
karung

clôture
pager

écurie
kandang

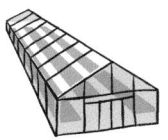

serre
imah kaca

sol
taneuh

graines
benih

engrais
pupuk

moissonneuse-batteuse
mesin permén

ferme - pertanian

récolter
panén

récolte
panén

igname
yams

blé
gandum

soja
kedelé

pomme de terre
kentang

maïs
jagong

graine de colza
lobak

arbre fruitier
tangkal buah

manioc
sampeu

grains
séréal

ferme - pertanian

maison
imah

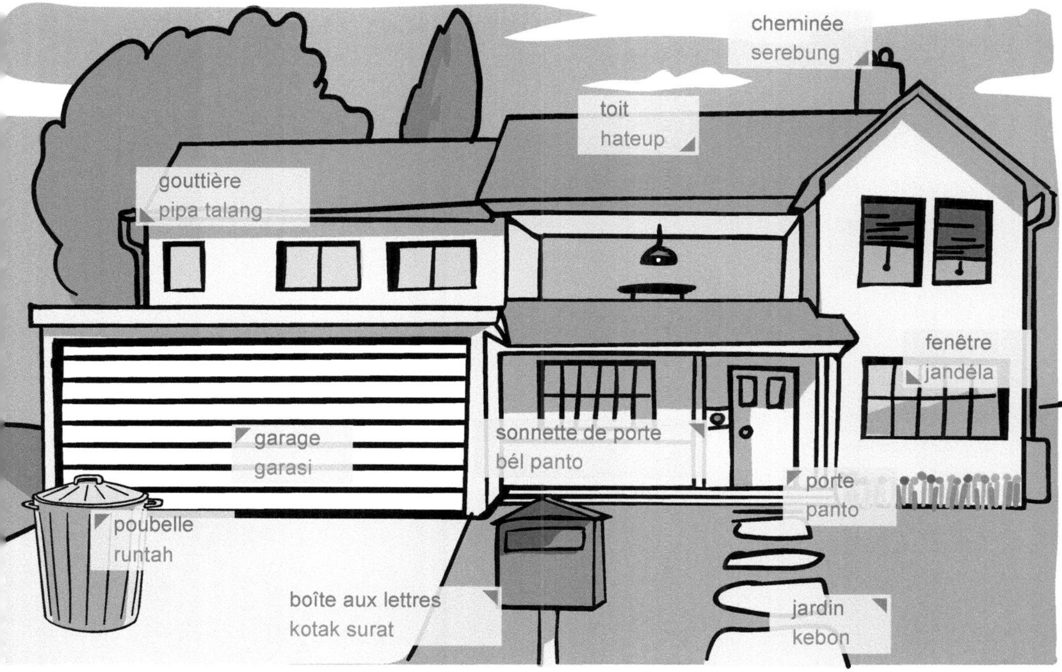

- cheminée — serebung
- toit — hateup
- gouttière — pipa talang
- fenêtre — jandéla
- garage — garasi
- sonnette de porte — bél panto
- porte — panto
- poubelle — runtah
- boîte aux lettres — kotak surat
- jardin — kebon

salle de séjour
rohang tamu

salle de bains
kamar ibak

cuisine
dapur

chambre à coucher
pangkéng

chambre d'enfant
kamar budak

salle à manger
kamar makan

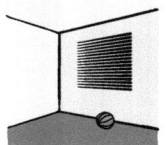

plancher
téhel

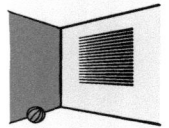

mur
tembok

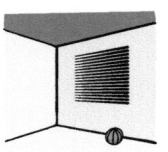

plafond
hateup

cellier
gudang di handap imah

sauna
sauna

balcon
balkon

terrasse
tepas

piscine
kolam renang

tondeuse à gazon
mesin pamotong jukut

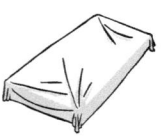

drap
sepré

jeté de lit
simbut

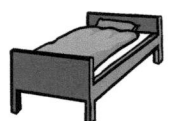

lit
ranjang

balai
sapu

seau
émbér

interrupteur
tombol

maison - imah

salle de séjour
rohang tamu

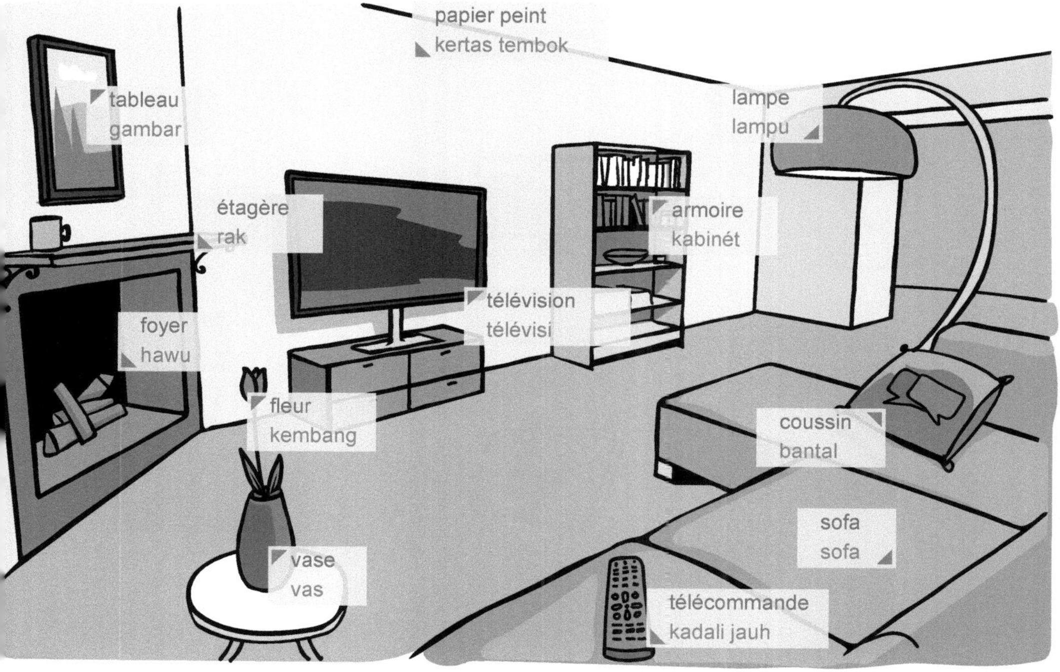

papier peint
kertas tembok

tableau
gambar

lampe
lampu

étagère
rak

armoire
kabinét

foyer
hawu

télévision
télévisi

fleur
kembang

coussin
bantal

sofa
sofa

vase
vas

télécommande
kadali jauh

tapis
karpét

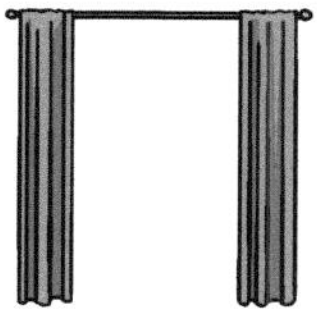

rideau
hordéng

table
meja

chaise
korsi

berceuse
korsi goyang

fauteuil
korsi malas

livre
buku

couverte
simbut

décoration
dékorasi

bois de chauffage
suluh

film
pilem

chaîne hi-fi
hi-fi

clé
konci

journal
surat kabar

peinture
lukisan

affiche
poster

radio
radio

bloc-notes
buku tulis

aspirateur
panyedot kebul

cactus
kaktus

chandelle
lilin

salle de séjour - rohang tamu

cuisine
dapur

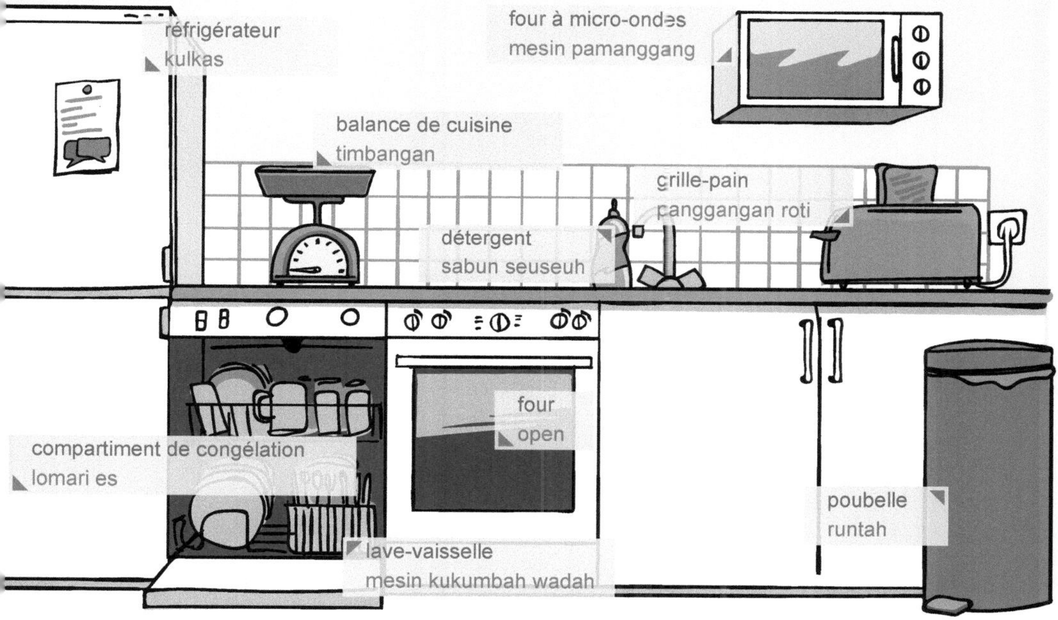

réfrigérateur
kulkas

four à micro-ondes
mesin pamanggang

balance de cuisine
timbangan

grille-pain
panggangan roti

détergent
sabun seuseuh

compartiment de congélation
lomari es

four
open

poubelle
runtah

lave-vaisselle
mesin kukumbah wadah

cuisinière
kompor

marmite
panci

cocotte en fonte
panci beusi

wok / kadai
katél

poêle
panci

bouilloire
citél

cuiseur à vapeur
langseng

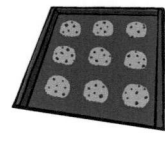
plaque à pâtisserie
baki

vaisselle
piring

grande tasse
cangkir

bol
mangkok

baguettes
sumpit

louche
sendok sop

spatule
sérok

fouet
pangocok

passoire
ayakan

tamis
saringan

râpe
parutan

mortier
mortar

barbecue
daging bakar

foyer
suluh

cuisine - dapur

planche à découper
papan pamotong

rouleau à pâtisserie
gilingan

tire-bouchon
alat pambuka tutup botol

boîte à conserves
kaléng

ouvre-boîte
pambuka kaléng

mitaine de four
gagang panci

évier
tilelep

brosse
sikat

éponge
busa

mélangeur
blénder

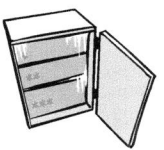
congélateur
lomari es

biberon
botol orok

robinet
keran

cuisine - dapur

salle de bains
kamar ibak

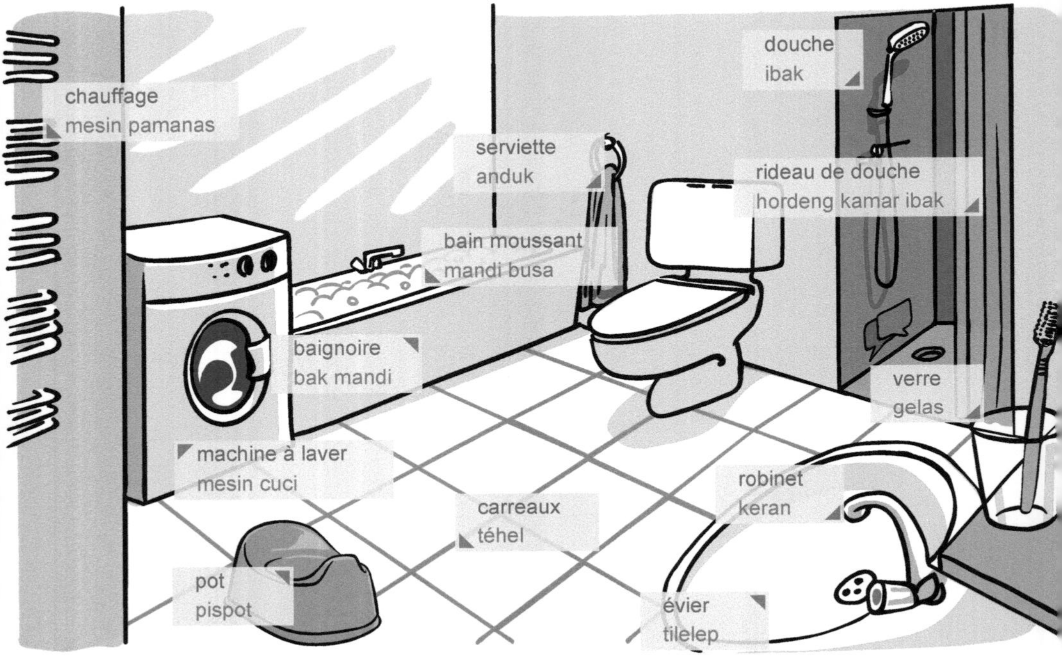

- chauffage / mesin pamanas
- douche / ibak
- serviette / anduk
- rideau de douche / hordeng kamar ibak
- bain moussant / mandi busa
- baignoire / bak mandi
- verre / gelas
- machine à laver / mesin cuci
- robinet / keran
- carreaux / téhel
- pot / pispot
- évier / tilelep

toilette
jamban

toilette turque
cubluk

bidet
bidét

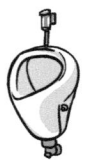

urinoir
urinal

papier hygiénique
kertas jamban

brosse à toilette
sikat jamban

brosse à dents
sikat huntu

dentifrice
odol

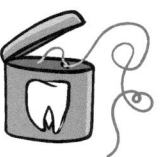

soie dentaire
benang gigi

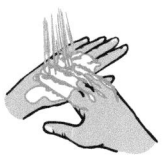

laver
nyeuseuh

douchette
kokocoran leungeun

douche vaginale
kukucuran

cuvette
bak

brosse pour le dos
panyikat tonggong

savon
sabun

gel douche
gel ibak

shampoing
sampo

débarbouillette
planél

drain
nguras

crème
krim

déodorant
déodoran

miroir

eunteung

miroir à main

eunteung leungeun

rasoir

péso cukur

mousse à raser

busa cukur

après-rasage

krim cukur

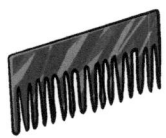

peigne

sisir

brosse

sikat

sèche-cheveux

alat panggaring rambut

laque

semprotan rambut

maquillage

pangrias beungeut

rouge à lèvres

lipstik

vernis à ongles

cét kuku

ouate

kapas

ciseaux à ongles

gunting kuku

parfum

minyak seungit

trousse de toilette
kantong seuseuh

tabouret
bangku

pèse-personne
timbangan

peignoir
baju mandi

gants de caoutchouc
sarung tangan karét

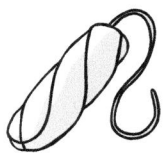

tampon
sampon

serviette hygiénique
handuk pembalut

toilette chimique
jamban kimia

salle de bains - kamar ibak

chambre d'enfant
kamar budak

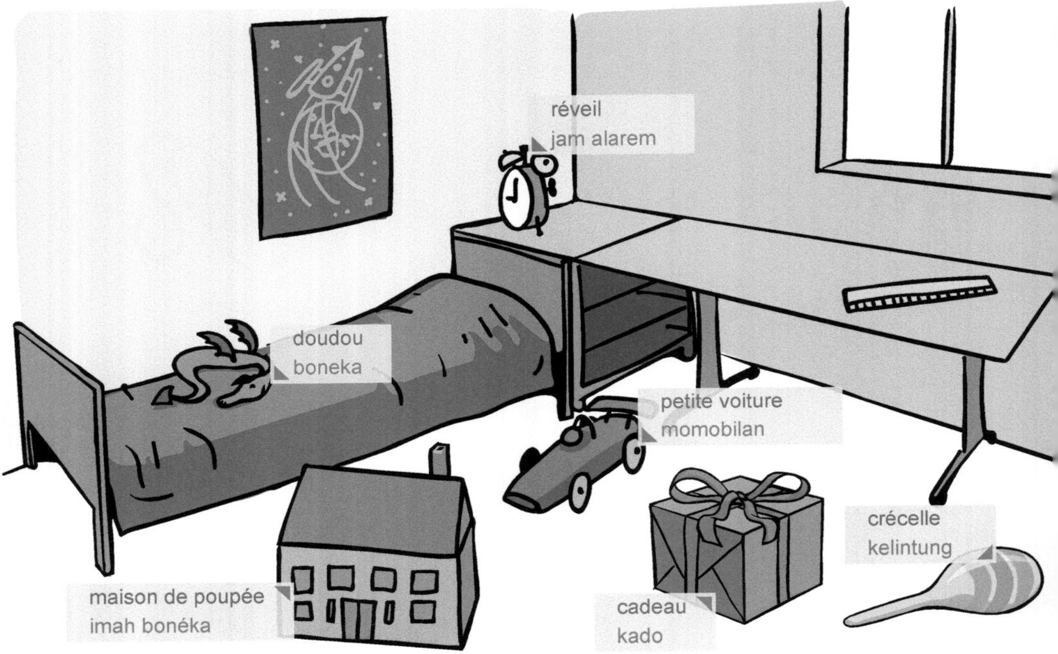

réveil
jam alarem
doudou
boneka
petite voiture
momobilan
crécelle
kelintung
maison de poupée
imah bonéka
cadeau
kado

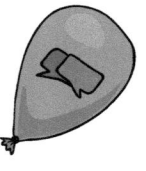

ballon

balon

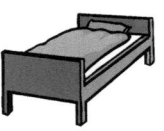

lit

ranjang

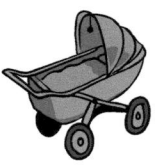

landau

karéta orok

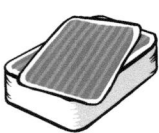

jeu de cartes

kartu

casse-tête

tatarucingan

SUPER
MEGA

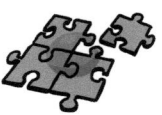

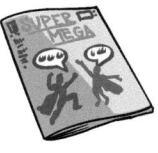

bande dessinée

komik

blocs LEGO
kaulinan lego

jeu de briques
kaulinan bentuk blok

figurine articulée
figur tokoh

dormeuse
baju budak

disque volant
frisbee

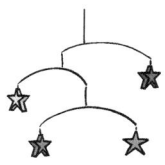
mobile
mobile

jeu de société
papan gim

dé
dadu

ensemble de modèles de train
set model kareta api

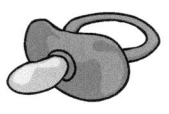
mannequin
endot

fête
pihak

livre d'images
buku gambar

balle
bal

poupée
bonéka

jouer
ulin

chambre d'enfant - kamar budak

bac à sable
wadah pasir maénan

balançoire
ayunan

jouets
kaulinan

console de jeu vidéo
video gim konsol

tricycle
sapedah roda tilu

ours en peluche
bonéka beruang

garde-robe
lomari baju

vêtements
acuk

chaussettes
kaos kaki

bas
kaos kaki

collant
baju ketat

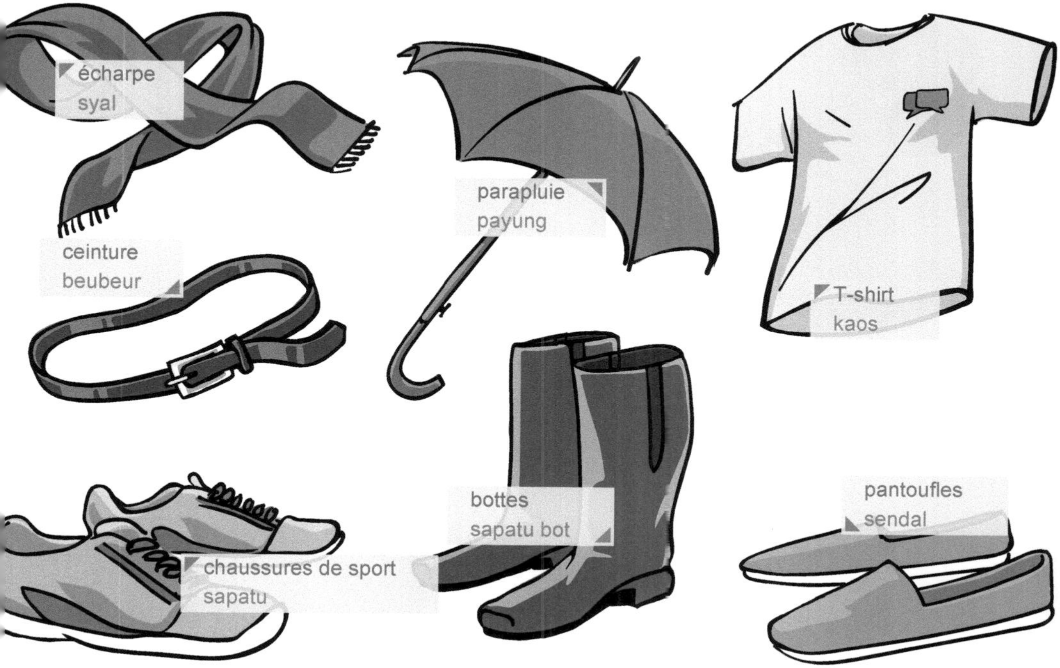

écharpe
syal

parapluie
payung

T-shirt
kaos

ceinture
beubeur

bottes
sapatu bot

pantoufles
sendal

chaussures de sport
sapatu

sandales

sendal

souliers

sapatu

bottes de caoutchouc

sapatu bot karét

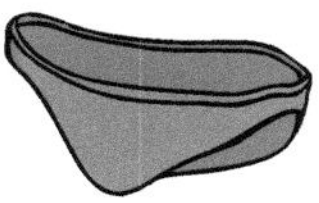

sous-vêtements

cangcut

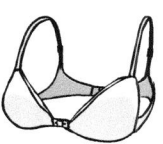

soutien-gorge

kutang

gilet

baju rompi

vêtements - acuk

body
awak

pantalon
calana

jean
jins

jupe
rok

chemisier
blus

chemise
kaméja

chandail
jakét tiung

chandail à capuche
baju haneut

blazer
jakét

veste
jakét

manteau
jakét

manteau de pluie
jas hujan

complet
kostum

robe
gaun

robe de mariée
gaun pangantén

vêtements - acuk

tailleur
baju resmi

chemise de nuit
baju saré

pyjama
piyama

sari
sari

foulard
tiung

turban
turban

burqa
burka

cafetan
kaftan

abaya
abaya

maillot de bain
baju renang

maillot short
calana renang

culotte courte
calana péndék

survêtement
orang raga

tablier
celemék

mitaines
sarung tangan

vêtements - acuk

bouton
kancing

lunettes
kaca soca

bracelet
gelang

collier
kongkorong

bague
ali

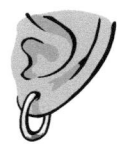

boucle d'oreille
giwang

tuque
topi

cintre
gantungan jakét

chapeau
topi

cravate
dasi

fermeture à glissière
risléting

casque
hélem

bretelles
tali salémpang

uniforme scolaire
saragam sakola

uniforme
saragam

vêtements - acuk

bavoir
apron orok

mannequin
endot

couche
popok

bureau
kantor

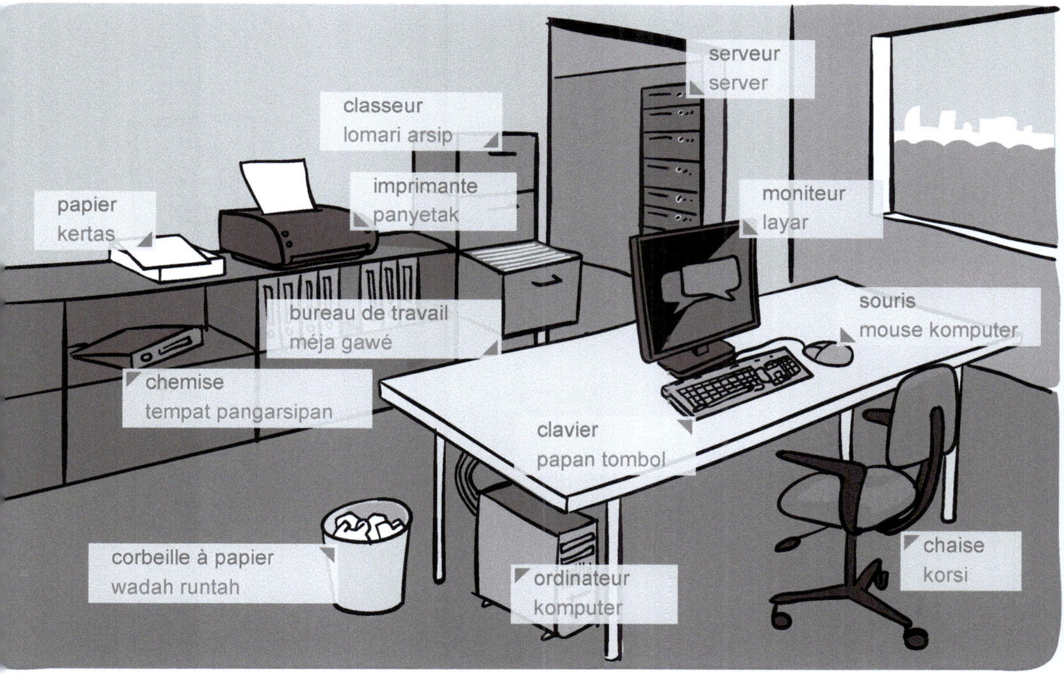

- serveur / server
- classeur / lomari arsip
- imprimante / panyetak
- papier / kertas
- moniteur / layar
- bureau de travail / méja gawé
- souris / mouse komputer
- chemise / tempat pangarsipan
- clavier / papan tombol
- corbeille à papier / wadah runtah
- chaise / korsi
- ordinateur / komputer

grande tasse à café
cangkir kopi

calculatrice
kalkulator

Internet
internét

ordinateur portable
laptop

lettre
surat

message
pesen

téléphone cellulaire
telpon sélulér

réseau
jaringan

photocopieur
fotokopi

logiciel
software

téléphone
telpon

prise de courant
plug sokét

télécopieur
mesin fax

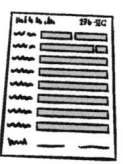
formulaire
formulir

document
dokumén

bureau - kantor

économie
ékonomi

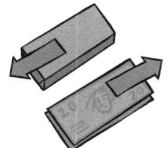
acheter
mésér

payer
mayar

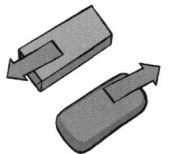
commercer
dagang

argent
artos

dollar
dollar

euro
euro

yen
yen

rouble
rubel

franc suisse
Franc swiss

renminbi yuan
renminbi yuan

roupie
rupiah

distributeur de billets
ATM

bureau de change

kantor pertukaran mata uang

or

emas

argent

pérak

pétrole

minyak

énergie

énérgi

prix

harga

contrat

kontrak

taxe

pajak

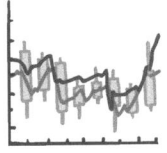

actions

saham

travailler

gawé

employé

karyawan

employeur

dunungan

usine

pabril

magasin

toko

professions
pagawéan

agent de police
petugas pulisi

pompier
pemadam kebakaran

cuisinier
koki

docteur
dokter

pilote
pilot

jardinier
tukan kebon

charpentier
tukang kai

couturier
tukang jait awéwé

juge
hakim

pharmacien
ahli kimia

acteur
aktor

chauffeur d'autobus sopir beus	chauffeur de taxi sopir taksi	pêcheur nalayan

femme de ménage pembantu	couvreur tukang hateup	serveur badega

chasseur tukang muru	peintre pelukis	boulanger tukang roti

électricien tukang listrik	constructeur de bâtiments tukang bangun	ingénieur insinyur

boucher tukang daging	plombier tukang pipa	facteur tukang pos

soldat
tentara

architecte
arsiték

caissier
kasir

fleuriste
tukang kembang

coiffeur
tukang salon

chef de train
konduktor

mécanicien
tukang méngkél

capitaine
kaptén

dentiste
dokter gigi

scientifique
ilmuwan

rabbin
rabbi

imam
imam

moine
biarawan

ecclésiastique
pendéta

outils
alat

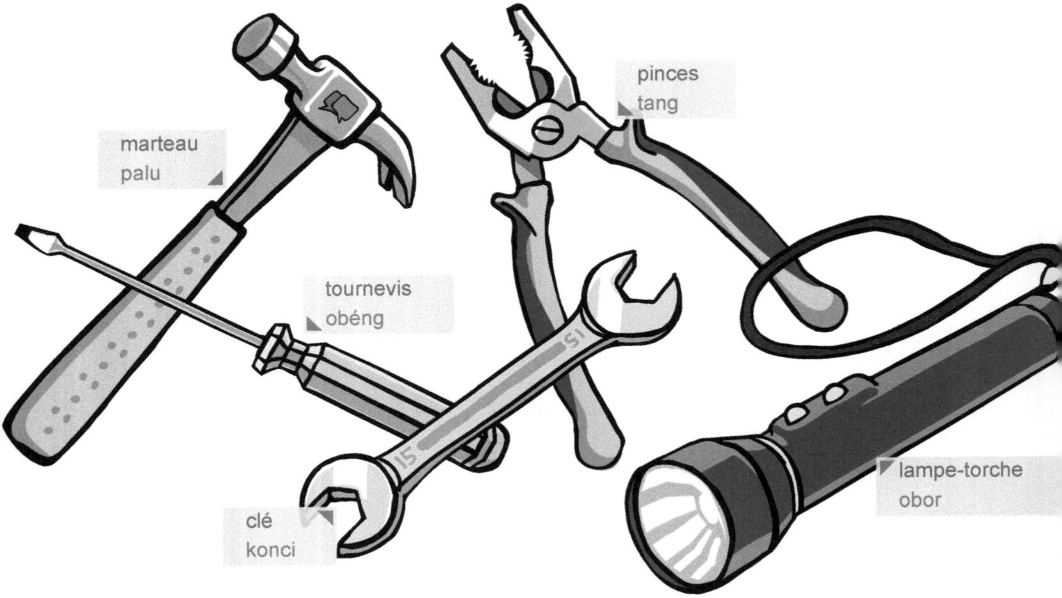

marteau
palu

pinces
tang

tournevis
obéng

clé
konci

lampe-torche
obor

excavatrice
panggali

boîte à outils
kantong parkakas

échelle
tangga

scie
ragaji

clous
paku

perceuse
bor

réparer
ngabenerkeun

pelle
sekop

tabarnouche
Kéhéd!

pelle à poussière
pengki

pot de peinture
pot cét

vis
sekrup bor

instruments de musique
alat musik

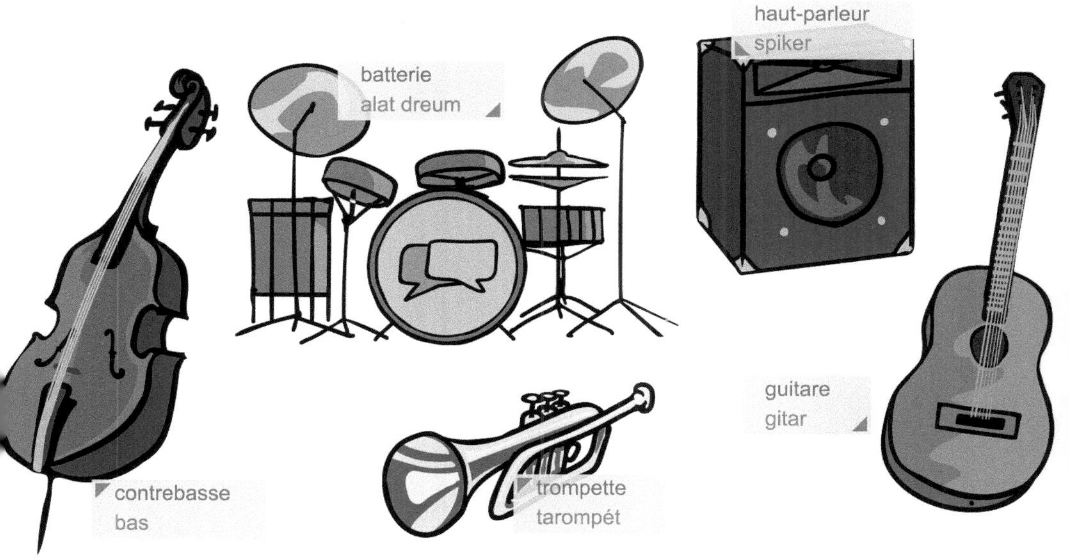

haut-parleur
spiker

batterie
alat dreum

guitare
gitar

contrebasse
bas

trompette
tarompét

piano
piano

violon
violin

basse
bas

timbales
tambur

tambour
dreum

synthétiseur
keyboard

saxophone
saksofon

flûte
suling

microphone
mikrofon

instruments de musique - alat musik

zoo
kebon binatang

tigre / maung

cage / kandang

zèbre / sebra

nourriture pour animaux / parab

entrée / panto asup

panda / panda

animaux
sato

éléphant
gajah

kangourou
kanguru

rhinocéros
badak

gorille
gorila

ours
biruang

chameau
onta

autruche
manuk onta

lion
singa

singe
monyét

flamand rose
flamingo

perroquet
manuk béo

ours polaire
biruang polar

pingouin
penguin

requin
hiu

paon
merak

serpent
oray

crocodile
buaya

gardien de zoo
tukang jaga kebon binatang

phoque
anjing laut

jaguar
jaguar

zoo - kebon binatang

poney
kuda poni

léopard
macan tutul

hippopotame
kuda nil

girafe
jerapah

aigle
heulang

sanglier
bagong

poisson
lauk

tortue
kuya

morse
anjing laut

renard
robah

gazelle
kijang

zoo - kebon binatang

sports
olahraga

activités
aktivitas

sauter
ngaganjleng

serrer dans les bras
nangkeup

rire
seur

marcher
leumpang

chanter
nyanyi

rêver
ngimpén

prier
ngadoa

embrasser
nyium

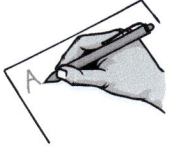

écrire
nyerat / nulis

dessiner
ngalukis

montrer
ningalikeun

pousser
ngadorong

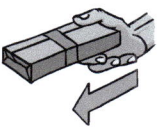

donner
méré

prendre
mawa

avoir
boga

faire
ngalakukeun

être
nya éta

être debout
tatih

courir
lumpat

tirer
narik

jeter
malédog

tomber
ragrag

s'allonger
saré

attendre
nungguan

porter
nyandak

s'asseoir
diuk

s'habiller
anggé acuk

dormir
saré

se réveiller
hudang

activités - aktivitas

regarder
ningali

pleurer
méwék

caresser
ngusapan

peigner
nyisir

parler
nyarita

comprendre
ngarti

demander
naros

écouter
ngadéngé

boire
nginum

manger
dahar

ranger
bébérés

aimer
bogoh

cuisiner
masak

conduire
nyetir

voler
hiber

activités - aktivitas

faire de la voile
balayar

calculer
ngitung

lire
maca

apprendre
diajar

travailler
gawé

se marier
kawin

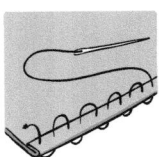

coudre
ngajait

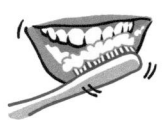

brosser les dents
sikat huntu

tuer
maéhan

fumer
ngarokok

envoyer
ngirim

activités - aktivitas

famille
kulawarga

grand-mère — nini
grand-père — aki
père — bapak
mère — emak
bébé — orok
fille — budak awéwé
fils — budak lalaki

invité
tamu

tante
bibi

oncle
emang

frère
aa

sœur
tétéh

corps
awak

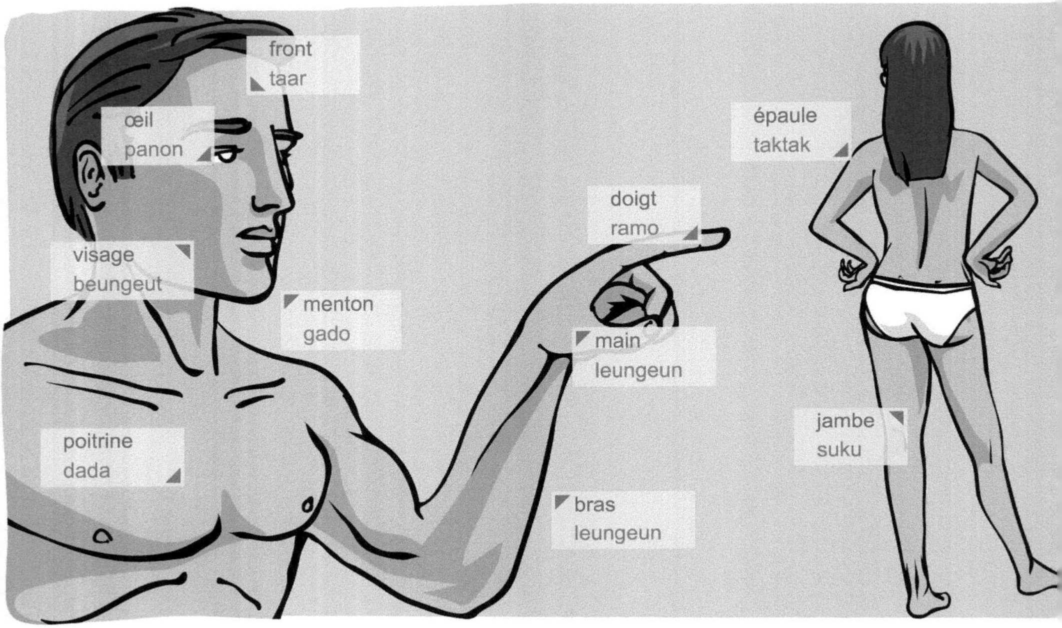

- front — taar
- œil — panon
- visage — beungeut
- menton — gado
- poitrine — dada
- doigt — ramo
- main — leungeun
- bras — leungeun
- épaule — taktak
- jambe — suku

bébé
orok

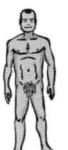

homme
lalaki

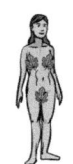

femme
awéwé

fille
awéwé

garçon
lalaki

tête
sirah

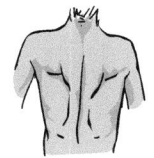

dos
tonggong

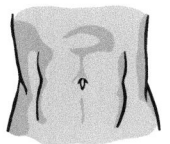

ventre
beuteung

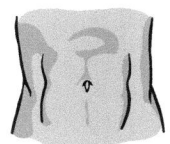

nombril
bujal

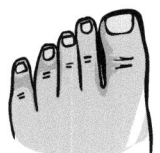

orteil
jempol

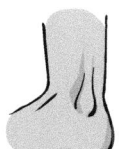

talon
keuneung

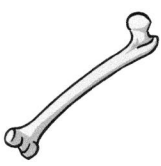

os
tulang

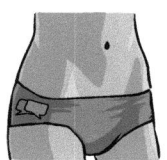

hanche
cangkéng

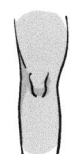

genou
tuur

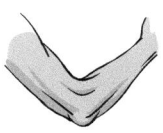

coude
sikut

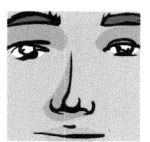

nez
irung

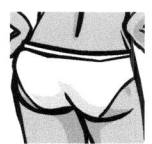

derrière
bujur

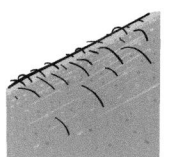

peau
kulit

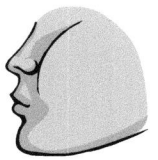

joue
pipi

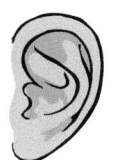

oreille
ceuli

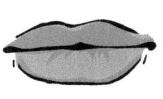

lèvre
biwir

corps - awak

bouche
baham

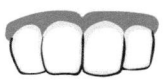

dent
huntu

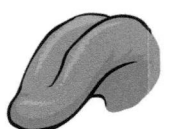

langue
létah

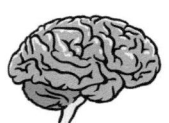

cerveau
uteuk

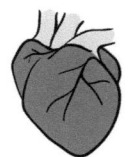

cœur
haté

muscle
otot

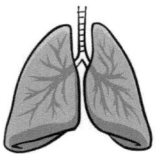

poumon
bayah

foie
ati

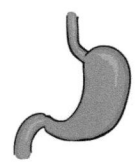

estomac
lambung

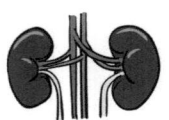

reins
ginjal

rapport sexuel
sapatemon

condom
kondom

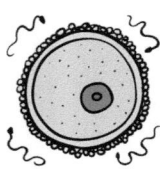

ovule
sél telur

sperme
spérma

grossesse
kakandungan

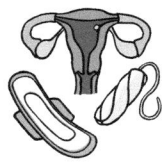

menstruation
haid

vagin
heunceut

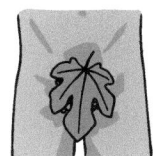

pénis
sirit

sourcil
halis

cheveux
buuk

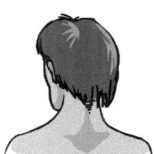

cou
beuheung

hôpital
rumah sakit

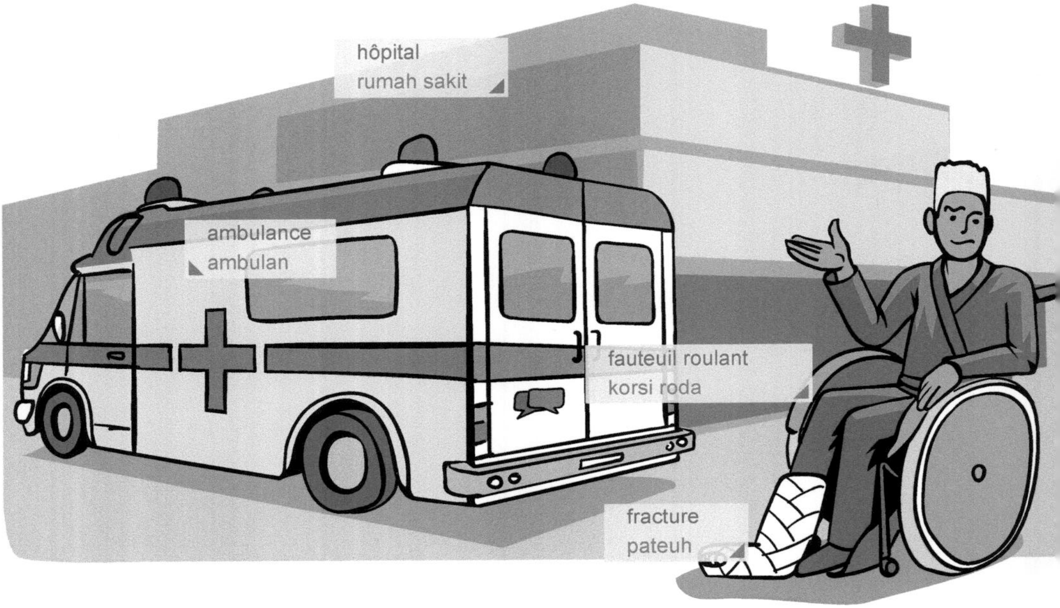

- hôpital / rumah sakit
- ambulance / ambulan
- fauteuil roulant / korsi roda
- fracture / pateuh

docteur
dokter

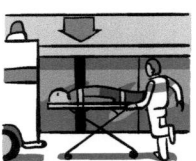
salle des urgences
rohang darurat

infirmier
parawat

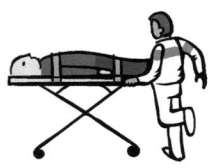
urgence
darurat

inconscient
pingsan

douleur
nyeri

blessure
tatu

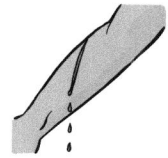
saignement
ngaluarkeun getih

crise cardiaque
jantungan

AVC
strok

allergie
alérgi

toux
batuk

fièvre
muriang

grippe
salésma

diarrhée
birit

mal de tête
rieut

cancer
kanker

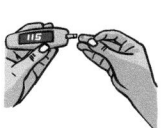
diabète
diabétés

chirurgien
ahli bedah

scalpel
péso bedah

opération
operasi

hôpital - rumah sakit

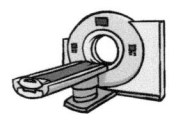

tomodensitométrie
CT

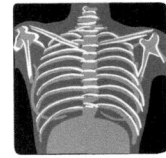

radiographie
sinar x

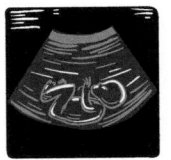

ultrason
usg

masque
topéng

maladie
panyakit

salle d'attente
rohang tunggu

béquille
pangrojong

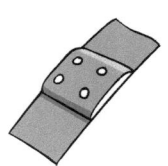

sparadrap
paléstér

bandage
perban

injection
injéksi

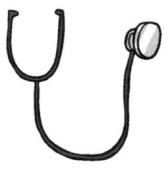

stéthoscope
stétoskop

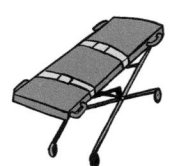

brancard
tandu

thermomètre médical
termométer klinis

accouchement
kalahiran

excès de poids
obésitas

hôpital - rumah sakit

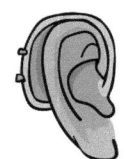
appareil auditif
alat bantu dédéngéan

désinfectant
désinféktan

infection
inféksi

virus
virus

VIH / Sida
HIV / AIDS

médicament
obat

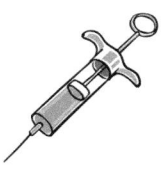
vaccination
vaksinasi

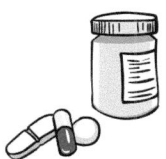
comprimés
tablét

pilule
pil

appel d'urgence
panggilan darurat

tensiomètre
ngukur ténsi

malade / en bonne santé
gering / séhat

urgence
darurat

alarme
alarem

assaut
gangguan

Au secours !
Tulung!

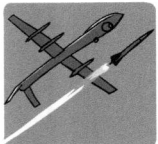

attaque
narajang

danger
bahaya

sortie de secours
panto darurat

extincteur
alat pemadam kabakaran

accident
kacilakaan

Au feu !
Seuneu!

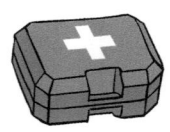

trousse de premiers soins
kotak P3K

SOS
SOS

police
pulisi

Terre
Bumi

Europe
Eropa

Amérique du Nord
Amérika Utara

Amérique du Sud
Amérika Selatan

Afrique
Afrika

Asie
Asia

Australie
Australi

océan Atlantique
Atlantik

océan Pacifique
Pasifik

océan Indien
Samudra Hindia

océan Antarctique
Samudra Antartika

océan Arctique
Samudra Arktik

Pôle Nord
Kutub Utara

Pôle Sud
Kutub Selatan

Antarctique
Antartika

Terre
Bumi

terre
tanah

mer
laut

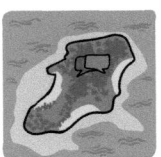
île
pulau

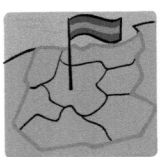
nation
bangsa

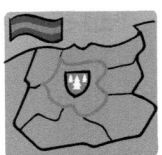
État
nagara

heure
jam

cadran
jam wajah

aiguille des heures
jarum péndék

aiguille des minutes
jarum menit

aiguille des secondes
jarum detik

Quelle heure est-il ?
Tabuh sabaraha?

jour
poé

temps
waktos

maintenant
ayeuna

montre à affichage numérique
jam digital

minute
menit

heure
jam

semaine
minggu

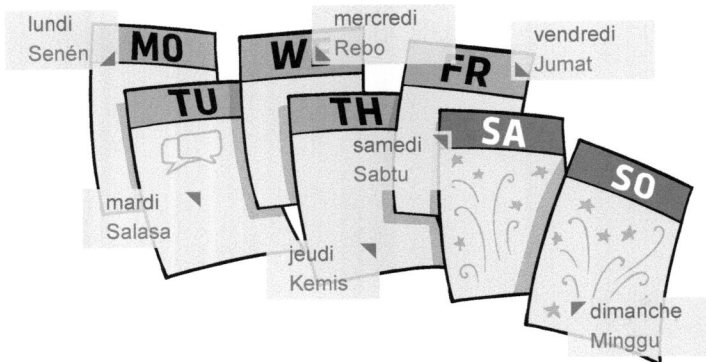

lundi / Senén
mardi / Salasa
mercredi / Rebo
jeudi / Kemis
vendredi / Jumat
samedi / Sabtu
dimanche / Minggu

hier
kamari

aujourd'hui
dinten ayeuna

demain
énjing

matin
énjing-énjing / isuk-isuk

midi
siang

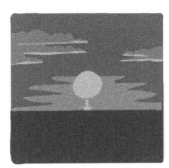

soir
peuting

jours ouvrables
poé gawé

fin de semaine
akhir minggu

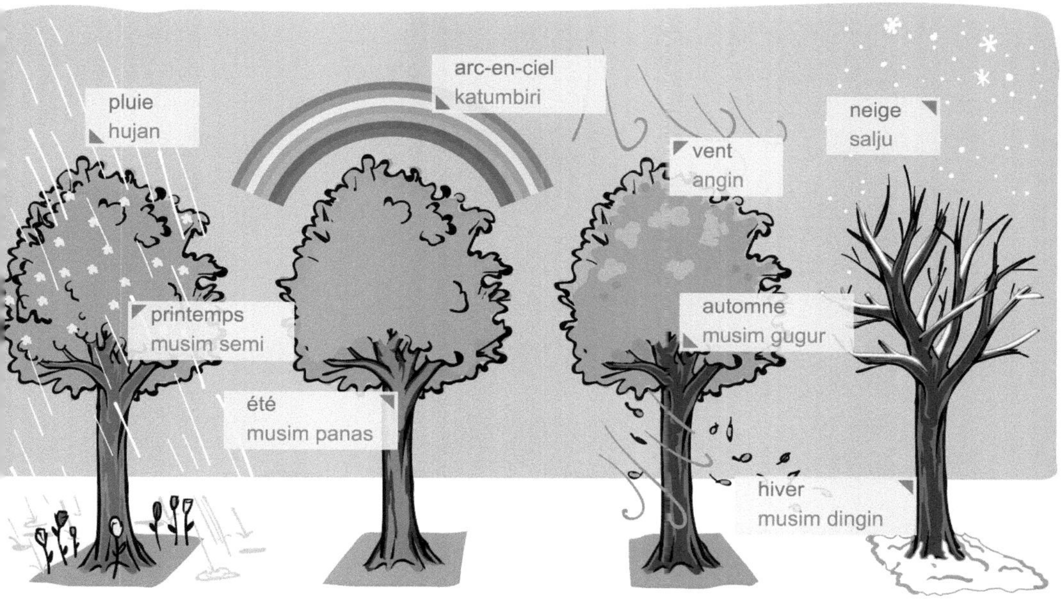

année
taun

- pluie / hujan
- arc-en-ciel / katumbiri
- vent / angin
- neige / salju
- printemps / musim semi
- été / musim panas
- automne / musim gugur
- hiver / musim dingin

prévisions météorologiques

ramalan cuaca

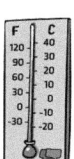

thermomètre

térmométer

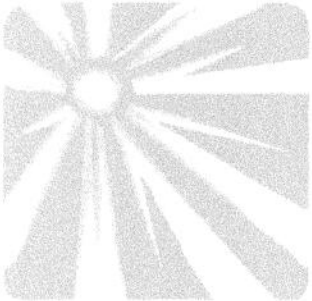

rayons du soleil

panon poé

nuage

awan

brouillard

pepedut

humidité

kelembaban

foudre
gelap

tonnerre
guntur

tempête
badai

grêle
hujan és

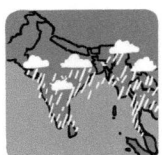
mousson
angin muson

inondation
caah

glace
és

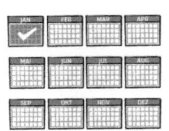
janvier
Januari

février
Pébruari

mars
Maret

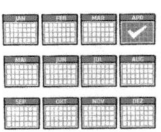
avril
April

mai
Mei

juin
Juni

juillet
Juli

août
Agustus

septembre
Séptémber

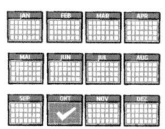
octobre
Oktober

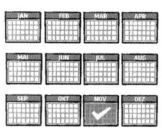
novembre
Nopémber

décembre
Désémber

formes
bentuk

cercle
buleudan

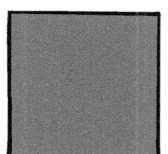
carré
persegi

rectangle
persegi panjang

triangle
segi tiga

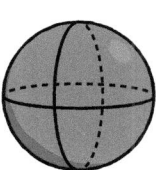
sphère
bola

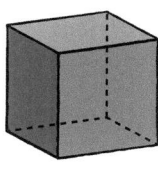
cube
kubus

couleurs
warna-warna

blanc
bodas

jaune
konéng

orange
oranyeu

rose
kayas

rouge
beureum

violet
bungur

bleu
bulao

vert
héjo

marron
coklat

gris
abu-abu

noir
hideung

opposés
sabalikna

beaucoup / un peu
loba / saeutik

en colère / calme
ambek / kalem

beau / laid
geulis / goreng

début / fin
ngamimitian / réngsé

grand / petit
gedé / leutik

lumineux / sombre
caang / poék

frère / sœur
dulur lalaki / dulur awéwé

propre / sale
bersih / kotor

complet / incomplet
lengkep / teu lengkep

jour / nuit
poé / peuting

mort / vivant
paéh / hirup

large / étroit
lega / heureut

comestible / non comestible

bisa didahar / teu bisa didahar

méchant / gentil

jahat / bageur

être enthousiaste / s'ennuyer

sumanget / bosen

gros / mince

badag / begang

premier / dernier

kahiji / terakhir

ami / ennemi

baturan / musuh

plein / vide

pinuh / kosong

dur / mou

heuras / lemes

lourd / léger

beurat / hampang

faim / soif

kalaparan / haus

malade / en bonne santé

gering / séhat

illégal / légal

ilegal / legal

intelligent / stupide

calakan / bodo

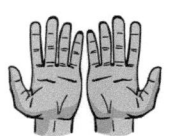

gauche / droite

kénca / katuhu

proche / loin

deukeut / jauh

opposés - sabalikna

neuf / usagé
anyar / urut

rien / quelque chose
euweuh nanaon / aya nanaon

vieux / jeune
kolot / ngora

marche / arrêt
hurung / pareum

ouvert / fermé
buka / tutup

calme / bruyant
jempé / gandéng

riche / pauvre
beunghar / sangsara

correct / incorrect
bener / salah

rugueux / lisse
kasar / lemes

triste / heureux
sedih / gumbira

court / long
pendék / panjang

lent / rapide
alon / gancang

mouillé / sec
baseuh / garing

chaud / froid
haneut / tiis

guerre / paix
perang / damai

opposés - sabalikna

nombres
angka-angka

0 — zéro / nol

1 — un / hiji

2 — deux / dua

3 — trois / tilu

4 — quatre / opat

5 — cinq / lima

6 — six / genep

7 — sept / tujuh

8 — huit / dalapan

9 — neuf / salapan

10 — dix / sapuluh

11 — onze / sawelas

12
douze
duawelas

13
treize
tiluwelah

14
quatorze
opatwelas

15
quinze
limawelas

16
seize
genepwelas

17
dix-sept
tujuhwelas

18
dix-huit
dalapanwelas

19
dix-neuf
salapanwelas

20
vingt
duapuluh

100
cent
saratus

1.000
mille
sarébu

1.000.000
million
sajuta

nombres - angka-angka

langues
basa-basa

anglais
Inggris

anglais américain
basa Inggris Amerika

chinois mandarin
basa Cina Mandarin

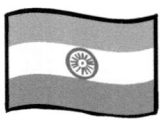

hindi
basa Hindi

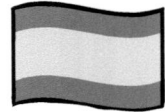

espagnol
basa Spanyol

français
basa Perancis

arabe
basa Arab

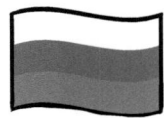

russe
basa Rusia

portugais
basa Portugis

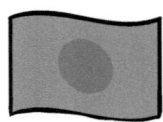

bengali
basa Bengal

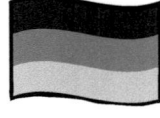

allemand
basa Jerman

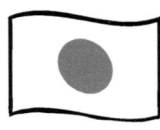

japonais
basa Jepang

qui / quoi / comment
saha / naon / kumaha

je
urang

tu
manéh

il / elle / ce, c', cela
anjeunna / manéhna

nous
arurang

vous
maranéh

ils / elles
aranjeunna / maranéhna

qui ?
saha?

quoi ?
naon?

comment ?
kumaha?

où ?
di mana?

quand ?
iraha?

nom
wasta / ngaran

où
di mana

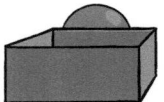

derrière

di tukang

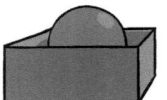

dans

di

devant

di hareup

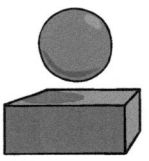

au-dessus

di luhureun

sur

di luhur

en dessous

di handapeun

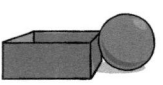

à côté de

di gigir

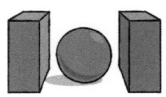

entre

antawis

endroit

tempat